눈 좀 빌려주세요

빨간딱지와 T* 똑딱이의 유럽사진기

글 사진 / 한 형 기

gasse

초판 1쇄 인쇄 2007년 6월 29일
초판 1쇄 발행 2007년 7월 7일

지은이 한 형 기
펴낸이 김 남 지
편집 도서출판 가쎄 편집부
등록번호 제 302-2005-00062호
등록일자 2005년 10월 10일
주소 서울 용산구 한강로1가 용산파크자이 D동 606호
전화 02-2071-6866
팩스 02-2071-6877
전자우편 gasse1@naver.com
ISBN 978-89-957343-4-6
인쇄 조양인쇄
가격 12,000원

다른 눈으로 보기...

......존경 받는 회사를 이끌고 있는 CEO들의 공통점을 하나 들라면 여행을 즐긴다는 점이다. 그것이 출장 여행일 수도 있고, 휴식을 취하기 위한 여행일 수도 있지만 특이한 점은 이들은 경영상의 문제를 풀기 위한 수단으로도 여행을 자주 이용한다는 점이다. 이들은 경영상의 복잡하고 풀기 힘든 과제에 직면했을 때 홀연히 여행을 다녀오면 굳이 여행 중에서 억지로 문제를 풀려고 하지 않았어도 돌아오면 문제가 쉽게 해결되어 있었다는 마술과 같은 경험을 들려준다. 여행의 마술은 마치 수학의 대수를 풀 때처럼 우리 일상을 괄호로 묶어놓고 한 발 물러서서 묵시적으로 더 깊은 차원에서 일상과는 다른 시각으로 성찰하게 해준다는 점이다.

......여행 중 우리는 우리도 모르는 사이에 평소 소원하게 지냈던 내면의 자신과 많은 대화를 하게 된다. 이처럼 여행은 일상에서 잊혀졌던 자신을 다시 찾아 이 자신의 신선한 나안으로 일상의 눈으로는 파악하지 못했던 문제의 근원을 발견하게 도와 준다. 어떤 점에서 여행은 핍박 받고 버려진 불쌍한 백성들을 구하기 위해 길을 나서는 영웅들의 행로와 비슷하다. 결국 바쁜 일상을 훌훌 털고 잊혀진 자신을 구하기 위해 길을 떠난다면 결국 이런 여행을 떠나는 자신은 내면을 구하기 위해 나서는 자신에겐 진정한 영웅인 것이다. 여행에서 만난 많은 다른 사람들의 이야기는 마치 파노라마 극장처럼 우리가 문제를 보는 다른 시각을 시시각각으로 실험을 하게 도와준다. 문제는 문제가 발생한 수준과 같은 수준에서, 문제를 일으킨 시각과 같은 시각으로는 절대로 그 해결책을 찾을 수 없다는 것은 누구나가 상식적이고 논리적으로도 다 알고 있지만 여행이 더 깊은 차원에서 문제를 해결하기 위한 도구로 사용할 수 있다는 것을 아는 사람은 많지가 않다.

......한형기 군을 곁에서 지켜본 한 사람으로써 한형기 군은 이와 같은 여행의 마력을 일찌감치 터득한 사람 중에 한 사람이다. 한형기 군의 이야기와 사진에는 평상시 누구나 봤지만 다른 한편으로는 누구도 보지 못했던 삶의 주옥 같은 일상적 편린들이 적나라하게 드러나 있다.

윤정구

아주대학교 경영대학 교수

눈 좀 빌려가세요...

P.S : 렌즈를 교환할 수 있는 DSLR로 찍든, 가볍게 갖고 다니는 똑딱이로 찍든, 카메라 종류는 중요하지 않다. 지금 당신의 손에 든 사진기가 세상에서 제일 좋은 사진기이기 때문이다.

#01……

어렸을 때, 과자보다는 그 안에 세계의 국기가 들어있는 연필깎이를 모으는 것이 '즐거움'이었다. 그 어떤 교과서보다도 '지리 부도'를 보는 것이 나의 '즐거움'이었고, 지도를 보며 나만의 여행루트를 그리고 그곳에서 멋지게 사진을 찍는 상상을 하는 것 자체가 나의 '즐거움'이었다. (아직도 초, 중, 고 통틀어서 최고의 교과서는 지리 부도라고 생각할 정도다.)

해외 출장이 잦았던 아버지는 내가 살아온 스물다섯 해의 1/4정도 지구를 돌아다니셨다. 어린 나에게 그것은 하나의 '도전'이었다. 조그마한 녀석이 이런 상상을 했다. '아버지가 밟은 나라보다 더 많은 국가를 여행해 보겠다!' (물론 아버지는 여행이 아닌 업무셨지만…….)

초등학교 6학년 때, 프랑스 파리에 6개월간 머물렀던 아버지를 만날 수 있는 기회로 유럽에 갈 수 있었다. 대학교 2학년이었던 2003년 7월, 유럽의 축제 마케팅을 공부하기 위해 스코틀랜드의 에딘버러 프린지 페스티벌을 현장에서 즐겼다. 2004년 2월에는 인도를 여행하며 혼자 분위기 잡고 '인생이란 무엇인가' 나 스스로에게 질문을 던지기도 했다.

#02……

여행 중 많은 사진을 찍으면서 내가 '사진을 위한 여행'을 하고 있는 것인지, '여행을 위한 사진'을 찍고 있는 것인지 헷갈릴 때도 있었지만, 이젠 그냥 별 신경 쓰지 않고 두 개를 모두 즐기고 있다. 사진을 전문적으로 배운 것은 아니지만, 어느새 사진은 나 스스로 여행과 의사 소통하게 도와주고 있다. '여행'과 사진은 '일탈'하게 만들어주는 도구가 되었다. 그렇게 나의 '사진과 함께 하는 여행'은 지금도 진행 중이다.

2006년 7월, 군에서 제대를 하고 8월에 유럽 행 비행기에 다시 몸을 싣는다. 교환학생으로 네덜란드에서 6개월간 공부를 할 수 있게 됐다. 여행자가 아닌, 생활인으로서 유럽을 보고 느낄 수 있는 기회가 생긴 것이다. 유럽에 있던 시간은 절대 잊지 못할 내 인생의 소중한 경험이었음 에는 틀림없다. 그리고 이 6개월의 시간을 내 평생의 추억으로 남기기 위해 많은 사진을 찍었다. 여행 책자나 관광 책자에서 쉽게 볼 수 있는 사진이 아닌, 내 색깔이 드러나는 사진을 찍고 싶다는 욕심이 들었다.

#03……

혼자 여행하는 것을 좋아한다. 아니, 다르게 말하면 둘 이상 여행하다가는 나의 사진 찍는 스타일 때문에 동행하는 사람이 질릴 것 같다. 한 곳에서 원하는 사진을 얻을 때까지 두 시간, 세 시간을 앉아 있으니……. 아무리 생각해도 미친 짓이다. 하지만 만족할만한 사진이 나오면 그 시간, 노력이 헛되지 않았음에 감사를 느낀다. 바로 그게 사진의 매력인 듯 하다. 가끔 여행했을 때의 사진들을 다시 볼 때면, 그곳의 향기가 코끝에서 진동함을 느낀다. 바로 여행에 중독되었음을 알리는 현상이다. 그리고 이건 안타깝게도 절대 고쳐지지 않는다.

언젠가 이런 문구를 책에서 본 적이 있다. '즐겁지 않으면 사진이 아니다.' 그 책을 읽은 이후로 나는 항상 '즐겁게' 사진을 찍어왔다. 그리고 '즐겁게' 여행을 해왔다. (물론 여행 도중에 디지털 카메라를 소매치기 당하는 아픔도 있었지만…….) 사람들의 행복, 슬픔, 아쉬움, 설렘, 사랑의 감정들을 사진에 담기엔 아직 많이 부족하지만 내 사진들을 보면서, 잠시나마 '즐거운 여행'을 했으면 한다.

마지막으로 저를 위하여 격려의 글을 써주신 아주대 경영대학 윤정구 교수님께 진심으로 감사드리며, 제 눈을 독자들에게 빌려줄 수 있는 기회를 만들어 주신 도서출판 가쎄 대표님께 진심으로 감사 드린다.

2007년 6월

똑딱이 사진가 한형기 드림.

손목시계의 바늘을 유럽 시차로 바꾼다.

유럽으로 가고 있다. 새로운 곳을 향하는 기분.

여행을 해본 사람이라면 알 것이다.

형언하기 힘든 내 심장의 박동을 느낀다.

Now I reset my watch.
I am on the way to Europe.
Whoever did travel would know that feeling of going toward the new world.
I feel my heartbeats that can't be described.

잔세스칸스에만 풍차가 있는 게 아니에요.

*잔세스칸스 : 암스테르담 근교에 있는 풍차로 유명한 관광지

You can see windmills not only
in Zaanseschans
but also in other places.

* Zaanseschans : It is famous for windmills near Amsterdam.

Kinderdijk

10

풍차
+
자전거
+
오렌지색
=
네덜란드

Windmill
+
Bicycle
+
orange color
=
The Netherlands

Kinderdijk

거꾸로 보고,

뒤집어 보기.

Seeing reversely.
Flipping it.

Kinderdijk

fietspad
niet

한국과 다른 점.

아무 곳에나 앉아서 저렇게 책을 읽어도

이상하게 쳐다보는 사람이 전혀 없다.

The difference between Europe and Korea.
It really doesn't matter whatever
you do in anyplace.

Groningen

우연히 구름 가득한 날씨에

우연히 빛이 새어 나오던 곳을

우연히 지나가던 새와 함께

사진으로 남기다.

아름다운 순간은 항상 우연인 것인가?

I took this photo.
Accidentally on a cloudy day.
Accidentally focused on flash spot.
Accidentally took the bird
in the frame.
Are beautiful moments always coincidences?

Gromingem

Stads optiek
Stads optiek
ALLE TASSEN

" "
당신이 느끼는 공간

" "
where you feel

Gromingem

유럽,
걸어서도 국경을
쉽게 넘나들 수 있는 곳.
Europe, the place where
we can cross the border easily on foot.

하늘에 흰색 물감으로 그림을 그린다.

Drawing white colors on the blue sky.

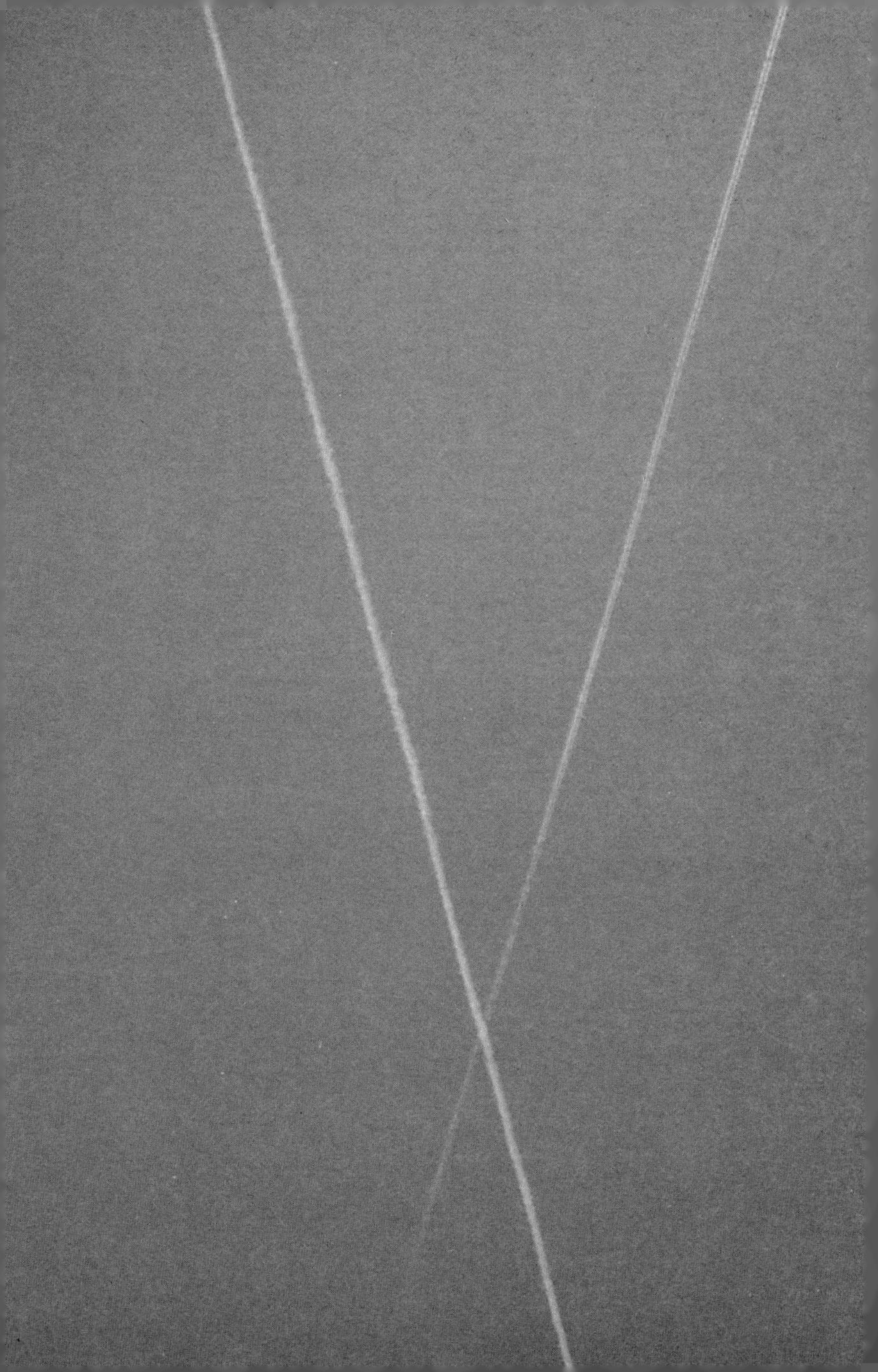

새도 하늘에 그림을 그린다.

Birds also draw on the sky.

세상에서 가장 따뜻한 그 이름.

'가족'

The most warm-hearted name
in the world.
'Family'

Groningen

자전거를 타고 가면서 사진을 찍는다.

파노라마처럼 지나가는 네덜란드의 골목,

운하, 사람들을 담는다.

그림자조차 아름답다.

이 곳, 모든 것이 사랑스럽다.

I take a photo while
I am riding a bicycle.
I take all of Dutch's scenery like the streets, canals, and people.
Even a shadow is beautiful to me.
I love this place,
I love all of it.

Now I see UFOs.

비행접시가 나타났다.

빨간색 꿈.

노란색 꿈.

연두색 꿈.

파란색 꿈.

어둠을 밝혀주다.

Red-colored dream.
Yellow-colored dream.
Green-colored dream.
Blue-colored dream.
They are brightening the world.

Hague

장을 보고 건물에서 나왔는데,

비가 내린다.

지금 필요한건...우산!?

I just got out of supermarket.
It is raining right now.
All I need is...umbrella!?

Gromingem

WESTERHOF
POELIER BEDRIJF

빗방울은 한편의 재즈 음악이 되어

내 귓가에 울려 퍼진다.

Raindrops play one nice piece of jazz music.

이기는 자는 멈추지 않는다.

멈추는 자는 절대 이길 수 없다.

winners never quit. Quitters never win.

Groningen

노년의 동심.

Young heart of an old man.

copenhagen

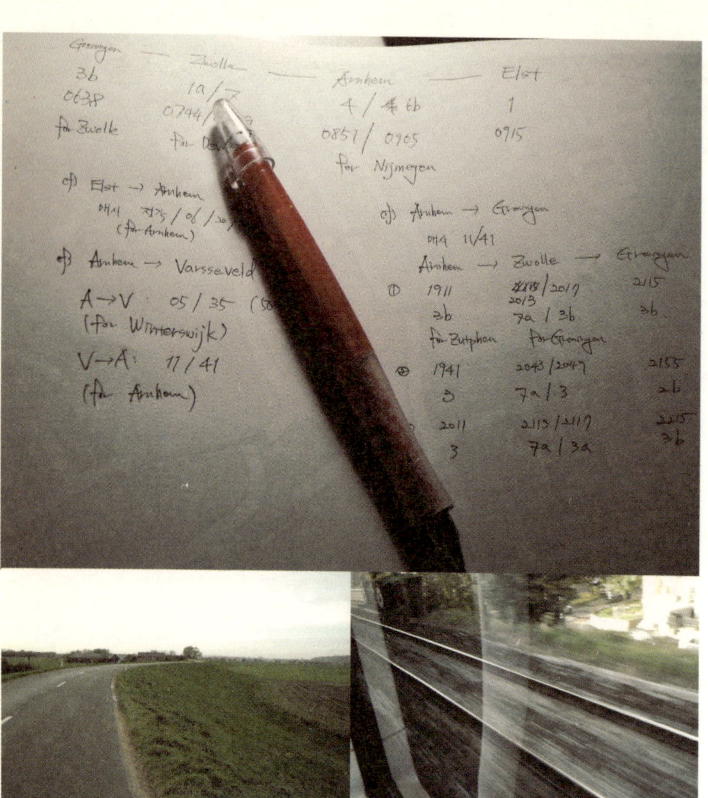

나? 네덜란드!

산 같은 거 안키워!

We, Dutch,
will never deal
with Mountains.

창 밖은

움직이는 미술관.

The art museum is moving right
outside the window.

Heterem

성격상 기차 시간과

플랫폼 번호까지 적어놓는다.

놓칠 경우 다음 기차의 시간과

플랫폼까지…

그래도 가끔은

아무런 계획도 없이 떠나는 여행이

뜻밖에 큰 즐거움을 줄 때가 있다.

괴테가 이런 말을 했다.

'사람이 여행을 하는 것은

도착하기 위해서가 아니라

여행하기 위해서이다.'

I personally tend to prepare departure and
arrival time with platform numbers in advance.
Even the next train schedule, just in case.
However, traveling without any plan can give unexpected pleasures.

Goethe said
'Human being travel to travel
not to arrive.'

Groningen

무엇을 본 것일까?

무엇이 궁금한 것일까?

what is he looking at?
what makes him curious?

vasselveld

고개를 들어 하늘을 보면

어떤 이에게는 가요로,

어떤 이에게는 팝송으로,

어떤 이에게는 재즈로,

또 어떤 이에게는 클래식으로,

하늘의 색깔은 그렇게 우리에게 가장

아름다운 음악을 만들어 준다.

Look at the sky.
It cam be pop music for somebody.
It cam be jazz music for somebody.
It cam be classical music
for somebody.
The color of the sky gives us the
most beautiful music.

Gromimgem

오랜만에,

파란 하늘을 구경한다.

우중충한 날씨에서 벗어나

네덜란드에서

맑은 하늘을 만끽한다.

유럽의 하늘은

한국의 하늘과는 다른 것 같다.

그 푸르름이 더하다.

공기부터 다른 것일까?

그냥 느낌이 그렇다.

Long time no see of this
beautiful blue sky!
I don't have a gloomy weather
anymore today.
I think the sky is different between
Europe and Korea.
It shows me more bluish sky
in Europe.
Because of the different
atmosphere?
It is just my opinion.

Groningen

To see nothing anywhere but
what you may reach it and pass it.
To conceive no time,
however distant, but
what you may reach it and pass it.
To look up or down no road but it tretches and waits for you,
However long it stretches
it waits for you.
To know the universe itself as a road, as many roads,
as roads for traveling souls.

- Walt Whitman (Song of the open Road) -

어디에서나 아무것도 보지 않더라도
그대는 그곳에 이르고 지날 수 있으리라.
멀고 멀어, 시간이 허락지 않더라도
그대는 그곳에 이르고 지날 수 있으리라.
위로나 아래로나 길이 보이지 않더라도
길은 뻗어 그대를 기다리리라.
이 우주가 하나의 길, 많은 길,
여행하는 영혼을 위한 길이라 깨닫기 위해서

- 월트 휘트먼 <열린 길을 위한 송가> -

Paris

Groningen

바람을 담다.

I put the wind into my heart.

스포츠는 살아있다.

한 겨울에도.

Long live sports.
Even in winter season.

Groningen

Groningen

Groningen

가끔은 벤치에 앉아

내 앞을 지나가는 사람들을 구경한다.

가만히 앉아

세상 사람을 본다.

이 어찌 즐겁지 아니한가.

Sometimes I sit on the bench,
and look around the people who pass me.
I sit on the bench,
and look around the people
all around the world.
It's really awesome,
isn't it?

utrecht

잠시 식어버렸던 내 여행의 피가
다시 끓기 시작한다.
가지 않은 길을 밟는 기분.
9회말 주자 만루 풀 카운트에서
마지막 공을 기다리는 타자의 기분.

I can feel my passion for traveling again.
The very feelings of walking on the road
I've never walked before.
How do you feel if you are on the batter's box
in bases-loaded in 9th inning? That's it!

Amsterdam

사랑이 곳곳에 있다.

파리가 아름다운 이유.

There's a reason why Paris is
beautiful.
Love is all around.

Paris

사랑, 혼자서는 도저히 불가능한 것. 함께 하는 순간 행복하다.

암스테르담에서 리스본으로 향하던 비행기.

왼쪽 차창을 택했다.

해가 뜨기전의

하늘의 색깔을 느끼고 싶어서.

멋지지 않니?

on my way from Amsterdam to Lisbon.
I choosed the left-hand side seat.
Because I wanted to enjoy
the color before sunrise.
Awesome, isn't it?

Amsterdam

A pair of lovers in Paris
A pair of lovers in Prague.
A pair of lovers in Lisbon. They are all the same.

Lisbon

파리의 연인, 프라하의 연인이 부럽지 않은

리스본의 연인.

"obrigado!"

"오브리가두!"

*오브리가두(obrigado) : 포르투갈어로 '감사합니다'

"엄마! 형이 자꾸 나 괴롭혀!"

"내가 뭘 어쨌다고!"

"얘들아, 좀 조용히 하지 못하겠니."

"……"

평범한 가족의 소리가 들린다.

평범한 가족의 일상이 보인다.

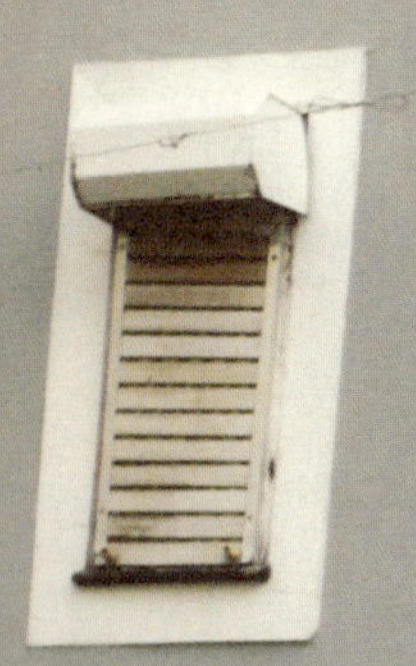

"Mom, he is bothering me!"
"I swear I didn't!"
"Come on, boys! Be quiet!"
"......"

I can hear one family's sound.
I can see one family's life.

Lisbon

남국의 햇살을 머금은 포르투갈 국기는

천천히 색이 바랜다.

갓 널은 빨래에서 물방울이 떨어진다.

포르투갈? 바로 이거야.

The national flag is
getting washed out for sunshine.
Drops keep falling from the laundry.

when it comes to Portugal,
the answer is what you're seeing.

Lisbon

휘파람을 불자 녀석이 나를 돌아보았다. 셔터를 누른다.
그래, 내가 원하는 사진은 내가 만들어가는 거야.

As soon as I whistle, that dog stares at me.
Then I put the camera shutter.
That's it! I make my photo like I want.

어린 왕자 왈, "사막이 아름다운 것은
어딘가에 우물을 감추고 있기 때문이에요."
한형기 왈, "여행이 아름다운 것은
세상 속의 '나'를 알 수 있기 때문이에요."

"what makes the desert beautiful,"
said the little prince,
"is that somewhere it hides a well."
"what makes the travel beautiful,"
said Hyungki Han,
"is that I can find myself."

색깔이 다른 꿈을 바다에 띄워 보네.

Float the different colored-dream
on the ocean.

Con

사랑을 남기다.
평화를 남기다.
존 레논은
아직 죽지 않았다.

He left the meaning of 'Love'.
He left the meaning of 'Peace'.
John Lennon is still alive.

Prague

남자의 로망

Men's best wish.

꼬마자동차 붕붕

Hey! Bumboo.

Prague

홀로 여행할 때
셀카를 찍는 건 그리 어려운 것이 아니다.
무심코 지나치지만 않으면 된다.
분명 어딘가에 내 자신이 보일 것이다.

when I travel alone, it is not that difficult to
take a photo of myself.
All you have to do is to catch
every moment carefully.
Then you'll find yourself somewhere.

언제부터가,
빨간 옷을 입은 꼬마아이를 볼 때마다
주변만 흑백으로 보는 습관이 생겼다.

I don't know since when I would like to change the world in monochrome
with my eye whenever
I see the child in red clothes.

셔터를 누르는 순간
내 앞을 지나가버린 자전거
원하든, 원치않든...
사진은 그렇게 우연처럼 만들어지는 것이다

At the moment of shuttering,
the bicycle passed by me.
Like it or not,
photos are taken coincidently.

정적인, 그리고 동적인

Static & Dynamic

Prague

Auschwits

노동으로 자유로울 수 있었다 그들.
죽음으로 자유로울 수 있었다 그들.

work brought freedom for them.
Death brought freedom for them.

vergeben

그들의 이야기는 계속된다.

Their story goes on.

Auschwits

"별이 하늘에서 반짝거리는 것은
언젠가 별의 주인들이 그들의 별을 찾을 수 있도록 하기 위한
것 같아.
저기 내 별이 있네.
우리 머리 바로 위에서 빛나고 있는데
어쩜 저리도 멀리 있을까!"

오늘도 내 별을 찾는다.

"I wonder whether the stars are set
alight in heaven
so that someday each one of us
may find his own again.
Look at my planet.
It is right there above us.
But how far away it is!"

Today, I search for my star again.

마음이 차분해진다.

이 풍경을 보고 있는 것만으로도

모든 걱정이 사라짐을 느낀다.

그래, 지금은 아무것도 생각하지 말고

이 여유를 즐기자.

나는 지금 '행복한' 여행자다.

I am getting comfortable.
I feel that I am free from every worry through seeing this scenery.
That's right. Carpe Diem.
I am a 'Happy' traveler.

"이게 뭐에요?"

what's this?

"우리도 궁금하구나."

we are curious about that too.

kinderdijk

장을 보러 갈 때,
도서관을 갈 때,
항상 지나가던 길.
익숙하지만 지나가던 순간마다 나에게
다른 느낌으로 다가왔던 길.
이 사진을 찍을 때 이 길은
바로 '태양의 캔버스'였다.

when I went to the market,
when I went to the library,
this road used to be my way.
It made me feel different from
day to day even though it was
familiar to me.
This road was the canvas of the
sun when I took this photo.

Groningen

저, 지금 좌회전 할 거예요.

I am going to turn left now.

Groningen

길어지는 그림자.

Shadow becoming longer.

Groningen

가끔 자전거를 기숙사에 놔두고

비 내리는 거리를 거닌다.

이 나라 사람들은 비 맞는걸

대수롭지 않게 생각한다.

나도 이런 오락가락한 날씨에 익숙해지는데

그리 오래 걸리진 않았다.

네덜란드에서... '비는 비가 아니오'

Sometimes I left my bicycle in
the dormitory,
and walked along the street
in the rain.
Ho-ho.
For Dutch, it is no big deal.
It didn't take that long for
me to be familiar with this
weird weather.
The rain is not the rain in the
Netherlands.

Groningen

여행과 일상.

만남과 헤어짐.

긴 여행을 뒤로 하고 다시 찾아온 일상.

'일탈'을 원하며 일상에서 벗어나려 한다.

낯선 곳, 낯선 풍경에

'나'를 '여행'이란 시간 속에 맡긴 채,

잠시 나를 찾아가는 여행을 꿈꾼다.

오늘도 여행을 꿈꾼다.

언제나 여행을 꿈꾼다.

Travel and everyday life.
Saying hello and goodbye.
Everyday life followed by long travel.
Wanting to leave this routine life,
I am dreaming of travel to
search for myself.
Today, I am dreaming of travel.
I'll always be dreaming of travel.

초점이 나간 사진.

하지만 더 강렬한 느낌을 준다.

그녀의 눈빛에 압도당한 내 찰카닥이.

The photo out of focus.
It gives me stronger image.
My camera was overwhelmed
by her eyes.

150
Open
Broodjes: Falafel
Hot wings
Drankjes

Paris

그들이 보는 파리. 무엇을 생각하고 있을까.

Their viewpoint of Paris.
what are they thinking?

paris

그림자처럼 긴 아쉬움을 남기고
파리를 떠날 사람들.

They leave Paris
leaving their heart for Paris.

개인적으로 좋아하는 프랑스 사진작가인

'앙리 카르띠에-브레송'이

과거에 밟았던 파리를

나도 그대로 밟아보고 싶었다.

그가 찍었던 자리에서 똑같이

프레임을 잡아보며

그는 어떤 생각으로 이 사진을 찍었을까

생각해본다.

I wanted to track down Henri
Cartier-Bresson's Paris,
because he is one of my favorite
photographers.
I imagine his way of thinking
with framing the Paris how he
took the photo.

인간은 자연 아래 있는 것 일까?

Is human being under nature?

Paris

어렸을 적, 우리 아버지도 저렇게 해주셨지.
좀 더 높은 곳에서 넓은 세상을 보라고.
Boys, be ambitious! 바로 그거다!

My father used to do like that.
Look at the world from the higher position. Boys, be ambitious!
That's it!

Paris

생각하는 사람
그리고 바라보는 사람.

Person who is contemplating about

& Person who is gazing at

Julien
+
MARION
12.10.06.

줄리엔 & 매리언 커플은 조안나를 두번 죽였다.

시간에 쫓겨 살지 말자.

시간이 나를 쫓아오게 만들자.

Don't let me be chased by time.
Do let time chase me.

아직 내 여행은 끝나지 않았다.
여행은 언제나 나에게 '진행형'이다.
이 향기는 바람과 함께, 이 추억은 시간과 함께,
나를 설레게 만든다.
지금 여행하는 이 순간을 사랑한다.

My travel has not finished yet.
It will always be present progressive to me.
This fragrance with wind and this
memory with time makes me
feel like brand-new.
I love this moment of travel.

Paris

이국적인 곳을 낯설지 않게 보기.

평범한 곳에서 그들의 생활이 보인다.

파리의 지하철 역이나,

서울의 지하철 역이나 다를 건 없다.

사람들은 그들의 걸음걸이로 살아가고 있다.

Looking at the strange place
without unfamiliarity.
I can see their life in common
place.
Both metro of Paris and subway
of Seoul are not different.
They are living with their own
steps.

그렇게 달려왔다.
고교, 대학, 군대, 그리고 다시 대학...
거슬러 갈 수 없지만 후회하지는 않는다.
젊으니까 할 수 있던 내 모든 경험들.
그래, 경험은 내 인생의 가장 큰 자산이다.

I did it my way.
School life, military service, and
school life again……
I can't go back, but I don't regret.
I had a lot of experiences because
I was young.
That's it! The experience is my
important asset of life.

모방.

Imitation.

Lisbon

그의 시선.

His gaze.

LARGO
SANTA
LUZIA
MIRADOURO SANTA LUZIA

여우가 어린 왕자에게 말을 했었다.
"가장 중요한 것은 눈에 보이지 않아."
이 강아지는 무엇을 보고 있던 것일까.

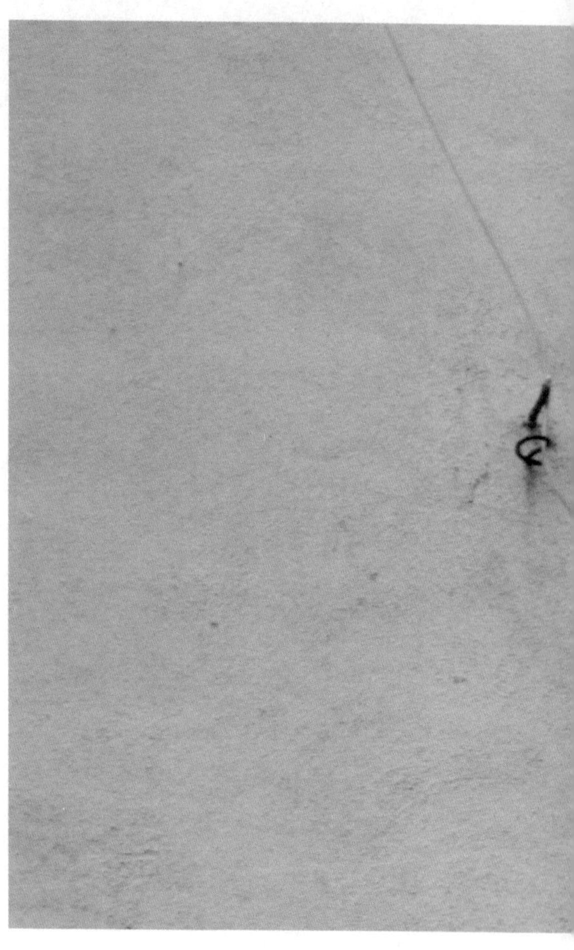

The fox said to the littleprince.
"what is essential is invisible
to the eye."
what was this puppy looking at?

Lisbon

€ 1.500.000

Lisbon

과거의 영광의 역사.

다시 한번 도약을 꿈꾸다.

It was an honorable history in
the past, but not now.
They are dreaming of rebirth.

Lisbon

틀에 갇힌 삶에서 벗어나!

Get out of there!
It's not where you're supposed
to be.

Lisbon

Lisbon

Lisbon

Comunicações

113
Primaz

책상의 무게.

삶의 무게.

weight of the desk.
weight of life.

Lisbon

고양이의 시선.

Cat's gaze.

Lisbon

아저씨, 죄송스러운 말씀이지만 참으로 닮으셨어요.

Sorry to say this, but, you really
look like that graffiti.

Lisbon

Lisbon

가족.

The familly.

태양, 그림자로 말하다.

The sun, speaking by shadow.

Lisbon

그들은

They tur

Lisbon

을 돌렸다.

eir backs.

You are with me holding the whole world. Can you see that heart?

나와 함께 하는 사람.
온 세상을 품은 사람.
하트 모양이 보이니?

Lisbon

S라인 트램길을 따라가다.

Tracking down the S-shaped
tram road.

내 사진을 남기는 방법.

늦은 오후의 그림자로 남기기.

어린 왕자의 재림?

The way to get myself in photo.
using shadow to leave myself here.
The second advent of the little prince?

Lisbon

Lisbon

사람들과 단체 사진 찍기.

Group picture with people.

Lisbon

자~ 도전해봐!

저 문을 통과하면 너의 새로운 인생

두번째장이 시작돼.

Give it a shot!
Go through it!
Then it is your second stage of
your life.

Prague

너네도 휴식이 필요하지?

You need some break, aren't
you?

Groningen

cesky krumlov

눈높이를 바꾸면 새로운 모습이 보인다.

Change your viewpoint.
Then you can see a brand new world.

Cesky Krumlov

People say that crossing the 'Karluv Most' bridge with his or her beloved would let you have eternal love. I miss You.

Prague

The Experienced guide
EXHIBITION

프라하를 여행하는 동안

'The Experienced Guide'가 적힌 종이를

들며 항상 저 자리에 서 있는 사람이 있었다.

마치 이 광장이 'Exhibition'의 무대인 것처럼.

During traveling in Prague,
That guy used to show us the
paper printed
'The Experienced Guide'.
As if this square is his stage of
'Exhibition'.

이곳, 프라하에

내 그림자를 남기고 싶다.

이들처럼.

I want to leave
my shadow here in Prague.
Just like them.

수많은 사람들이 저 다리를 지나가겠지.
나 역시 마찬가지로. 옷깃만 스쳐도 인연이라던데...
우린 참 인연이군요.

A lot of people walk on that ridge.
So do I. People say that even a chance of
meeting someone comes from the
karma in a previous life. In that sense,
we are so born to meet each other.

Prague

사랑을 담는다.

시간을 담는다.

추억을 담는다.

Put love in photo.
Put time in photo.
Put memory in photo.

사진을 찍는 순간.
가장 행복한 순간을 담는다.
사진은 기억이 아닌
추억으로 남는다.

At the moment
of shuttering,
I can get
the happiest moment.
Photo leads
memory not
remembrance...

Prague

Prague

아침 안개를
흠뻑 맞으며
공원을 가로 지른다.
상쾌하다.
지금 이 느낌이.
I go through
this misty
park in the morning.
I feel fresh.
Right now.

krakow

'찰나의 순간'을 담는 것.

새들이 모두 날아가기 전에.

사람들이 저 나무를

지나치기 전에.

사진에서 새들을

어느새 나무의 열매가 되었다.

Making the
right moment
to be taken.
Before
all the birds
fly out.
Before
that people
pass by that tree.
Birds became
fruit of that
tree.

krakow

두 손을 꼬옥 잡고.
한 곳을 바라보다.

They see same place with holding
their hands.

krakow

프라하 구시가
광장에 앉아
지나가는
사람들을 본다
여행자도
있을 것이고
현지인도
있을 것이다
사람들을
보는 일은 즐겁다
나도 모르게
셔터에 손가락을
올리고 그들을
담는다
예쁜 풍경을
담는 것보다
사람을 담는 것이
더 좋다
내 카메라는
언제나
사람을 향한다

I look around
the people
from Staromak,
Prague.
There can be
travelers or
just
local people.
I enjoy seeing
these people.
I take them
in my camera
unconsciously.
My camera
always
points at
people.

krakow

역사는 과거와 현재 사이의 끊임없는 대화이다.
-E.H Carr-

History is an unending dialogue
between the present & the past.
-E.H Carr-

Auschwits

2

공항.

기다림.

지루함.

Airport.
waiting.
Boredom.

그의 바이올린 선율을

사진에 담을 수 없는 것이

안타까울 뿐이다.

진정한 만국 공통어는 영어가 아니라

음악이었다.

It is sad
that I can not put
his violin melody
in my photo.
The international
language is
the music
not English.

Prague

WARSA

krakow

쉰들러의 공장.
영화의 현장을 가보는 것
또한 여행의 묘미이다.
나는 이럴 때 보통
영화의 OST를 들으며
구경한다. 영화의 느낌을
그대로 이어가려고.

Schindler's Factory. It is fun for me
to look around the place in the film.
I usually enjoy it listening to the
original sound tracks to continue the
right feelings.

여행할 때마다
나와 미소를 나누는 사람들이
하나 둘 늘어간다.
내 여행을
motivate시키는
활력소.

There are
more people
who share their smiles
and memories
with me
as days of
my travel go on.
That's my vitamin
motivating my reasons
for traveling.

krakow